SPUREN

GEDICHTE

GEROLD
SCHODTERER

Adresse für Buchbestellungen:
Schodterer – KUNST für MENSCH und RAUM
A-4820 Bad Ischl, Pfarrgasse 11
Tel: +43(0)6132/23729-0, Fax: DW 29
E-Mail: kunst@schodterer.at
Home: www.schodterer.at

Druck und Satz: WIGO-Druck, Bad Ischl
Künstlerische Gestaltung: Karoline Schodterer
Lektor: Friedrich Gaigg / Fotos: Gerold Schodterer

ISBN 3-950 1119-1-3

Ich widme diesen Gedichtband der Familie, in die ich das Glück hatte geboren zu werden, in der ich herangewachsen und groß geworden bin, in der ich lernen durfte auf individuelle Weise zu leben, die ich liebe.

Meiner Lebenspartnerin Karoline, die Kritikerin, Lehrerin, spannende Freundin und Geliebte in einer Person ist.

Meiner Mutter, der ich eine behütete, jedoch mit viel Freiheit ausgestattete Kindheit verdanke.

Meinem Vater, der es verstand mich liebend zu motivieren und so mein Leben formte, mir aber immer soviel Raum gab wie ich brauchte um zu einer eigenständigen Persönlichkeit reifen zu können.

Meinen Brüdern: Robert, der mir in meiner Kindheit Vorbild war und den die Erfüllung seiner Lebensaufgabe eine Weltreise weit von mir entfernte; Heimo, den ich erst vor kurzer Zeit wirklich kennen und schätzen lernen durfte und dessen Gedichte mich sehr berühren; Andreas, der mir in vielen Gesprächen zu wertvollen Einsichten verhalf und mir aufgrund seiner intuitiv – analytischen Fähigkeiten und seines festen, durch nichts zu erschütternden Glaubens Freund und Vorbild ist.

Unserer Freundin Beate, durch die ich meine Begabung zur Lyrik entdecken durfte.

Vor allem aber widme ich diesen Gedichtband Gott, dem ich mein Sein verdanke und die Gaben, mich in Form und Wort künstlerisch auszudrücken.

Gerold Schodterer

In dem stetigen Prozess unseres Tiefer-und-tiefer-Erkennens gibt uns das Leben immer wieder die Chance an jenes verschüttete Bewusstsein zu rühren, das uns Vergangenes nicht als hinter-uns-liegend sehen lässt: Vor uns liegt das Vergangene und indem wir es betrachten, bilden wir das Hier und Jetzt, gestalten wir Gegenwärtiges.

Davon handeln die Texte Gerold Schodterers, und so sind sie auch beschaffen: Auf der Suche nach jeweils subjektiv-individuellem Sinn (- und nur dieser Sinn kann bedeutsam sein! -) ist der Verfasser im Kreisen um das Wort sorgsam und kritisch, experimentierfreudig und zugleich traditionsbewusst, schafft, nein: „schöpft" Sprache und damit Welt, ringt mit Gedanken und Worten und durchmisst dabei allen Raum des „wortenden" Individuums.

Mit und in Sprache zu existieren ist wohl einer der großen Ent-Würfe des „Menschlichen"; das Heraus-Treten aus dem korrumpierten Beschränkt-Sein, aus rücksichtübender Befangenheit und dumpf-profanem Über-sich-ergehen-Lassen zeigt sich als Anruf an die Einfühlsamkeit und fordert gleichermaßen dazu auf Mut und Kühnheit wie Frechheit und Unverfrorenheit einzulösen; glücklich jener, der als nichtbeabsichtigte Effekte Glaube, Hoffnung, Liebe erfahren darf!

Der Wortschaffende kann mit Hilfe der Netze der Sprache, des Netzwerks der Wörter, des schließlich engmaschigen Worte-Geflechts die Sterne vom Himmel holen und sie zu ihren Spuren „verführen", wohl wissend, dass die Erde für sie zu klein, ja allzu unbedeutend ist!

Friedrich Gaigg

Inhalt

Augenblick

Ist's notwendig zu wissen,
woher wir kommen und wohin wir geh'n?
Ist's wichtig, in Vergangenem zu wühlen,
um für die Zukunft „Fehler" schon vorauszuseh'n?

Wär' es nicht wunderbar,
so fließend wie die Well'n des Ozeans zu leben,
um durch die Kraft in diesem „Augenblick"
uns für die Zukunft Energie zu geben?

Vom Traum zur Wirklichkeit

Wenn du Regie
im virtuellen Spiel
der Träume übernimmst –

wenn du den Zufall
anerkennst
als ein Geschenk,
das dir den Weg bereitet –

wenn du die Richtung
an der Kreuzung deines Weges
mit Zuversicht bestimmst –

so wirst du sicher
aus der Welt des Glaubens
in die Szene deiner Wirklichkeit geleitet.

Sonnenuhr

Nur der Tag gewährt uns Einblick
in den Fluss der Zeit.
Die Nacht führt alles wieder ad absurdum.
Die Sonnenuhr, sie ruht,
wartet geduldig auf die nächsten Strahlen.

Wär' es nicht traumhaft schön,
dieses Gelöstsein aus der Nacht
mit in den Tag zu nehmen?

Entfaltung

Entfalte dich!
Hat sonst das Leben einen Sinn?
Sag jeden Tag zu dir:
„Gut ist es, dass ICH BIN!"

Lass' deinen Körper und die Seele
ganz harmonisch werden.
Genieß' das Glück
zu leben und zu wachsen - hier auf Erden!

Kreislauf des Lebens

Erinnern wir uns an vergangenes Sein?
Ohne Zeit, ohne Raum, vollkommen all-ein?
Ist es uns möglich, unsre Zukunft zu seh'n,
zu erfahren, wohin wir geh'n, wenn wir geh'n?
Können wir uns selbst die Antwort geben
nach dem Sinn, auf dieser Erde zu leben?

Was hinter und vor uns, es steht in den Sternen.
Der Sinn uns'res Lebens: Leben zu lernen –

das Verstehen, im Vergehen Erwachen zu sehen!

Universum

Es sind Visionen
unendlich vieler Möglichkeiten,
die unser Raumschiff
in das All geleiten.

Es ist der Abstand,
der den Überblick geboren.
Die inn're Weite,
die scheinbar ging verloren.

Es ist das Augenschließen
und An-gar-nichts-Denken,
und plötzlich hilft uns ER,
das Schiff zu lenken.

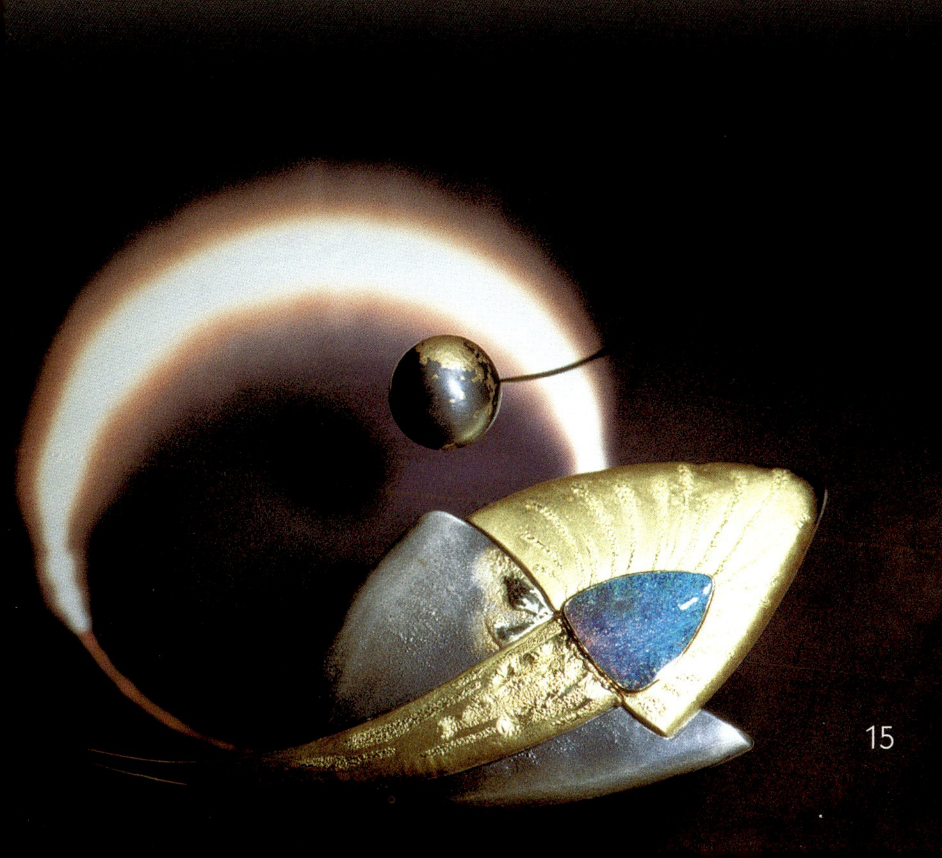

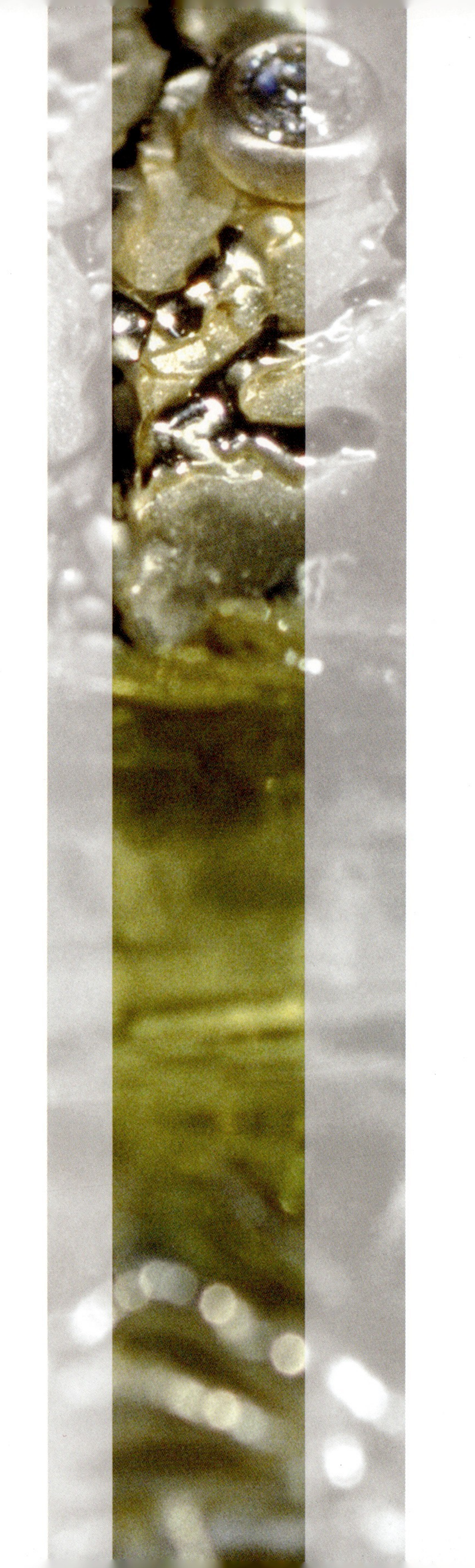

Ganz nah dran sein?

Alles logisch bedenken,
in „richtige“ Richtungen zwingen.
Alles steuern und lenken,
mit tausend Plänen beginnen.
Geschehnisse sehen mit hastigen Blicken,
nichts lässt sich mehr schieben, nichts mehr verrücken.
Die Starrheit beginnt sich mit Ohnmacht zu schmücken,
das Ego verzweifelt, blockiert ist das Ich,
Verzweiflung und Ängste vervielfachen sich.

Abstand gewinnen, immer weiter nach oben,
dorthin, wo keine Stürme mehr toben,
dorthin, wo alles klein wird, da unten,
wo der Geist klar und frei wird, für einige Stunden,
wo Veränderungen plötzlich möglich erscheinen,
wir uns im Schweben mit unseren Wünschen vereinen.
Was nützen Vergrößerungsgläser im Leben,
wenn's doch darauf ankommt, sich Abstand zu geben?

Wenn etwas aus fällt,
fällt es auf.
Und weil es fällt,
sagt es uns
allen:
„Schaut her,
denn ich bin

aus

gefallen!“

Bodenlos

Wenn ich den Boden nicht mehr
unter meinen Füßen spür',
fühl' ich mich frei,
mein Geist läuft dann gerade
eine Kür.

Der Wegweiser

Kannst du den Weg vor dir schon sehen?
In welche Richtung willst du gehen?

Welcher Weg führt in das Morgen?
Was hält die Zukunft dir verborgen?

Und was ist, wenn der Weg sich zweigt?
Einer sich neigt, der andre steigt?

Die Richtung, sie ist immer richtig,
nur gehen musst du, das ist wichtig.

Denn ewig rund sind alle Kreise,
so auch die Wege – weiß der Weise.

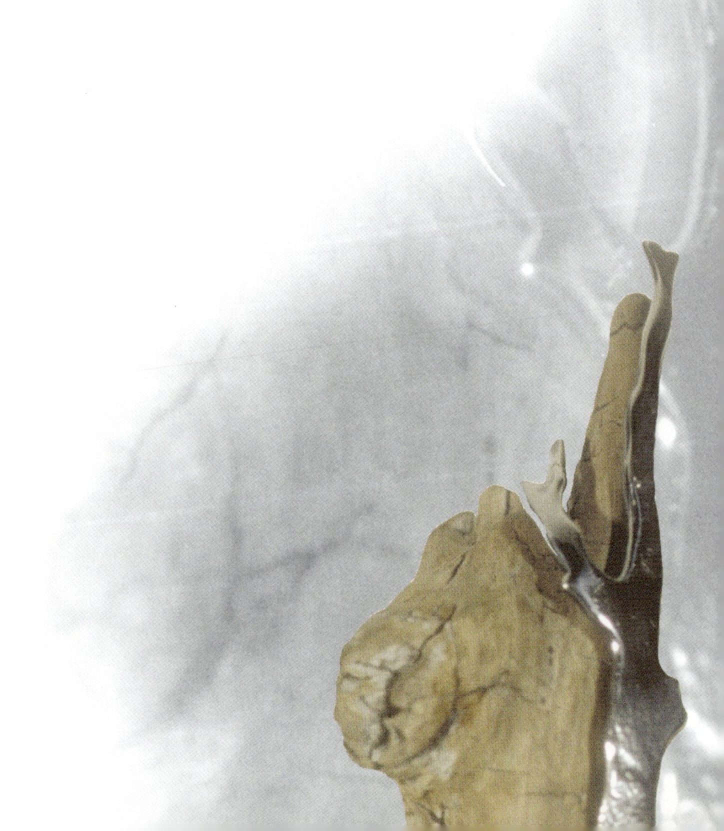

Zeit?

Du kannst die Zeit messen,
und du kannst sie erleben.
Beides kann bei gleicher Dauer
eine andere Zeitspanne ergeben.

Wenn der Tag beginnt,
zählst du weder Minuten noch Stunden,
doch wie wichtig, wird es Abend,
werden dann die Sekunden.

Das Messen der Zeit
muss im „Zeitnehmen" enden,
das Erleben im Jetzt
kannst du zum Freisein verwenden.

Du darfst entscheiden
in deinem Leben,
Zeit dir zu nehmen
oder Zeit dir zu geben.

Aufbruch

Wenn man das alte Denken sprengt,
schafft man den Raum, sich loszulösen,
frei zu sein, nicht eingeengt,
zu finden so sein eig'nes Wesen.

Heute

Wenn dein Gestern zerrinnt,
wenn dein Heute beginnt,
wenn das Sein deines Geistes
kraftvoll du spürst,
wenn du sachte im Jetzt
deine Zukunft berührst,
hast du erfahren, dass du bist,
dass dein Leben nicht endlich,
sondern unendlich ist.

Das innere Selbst

Frei zu sein beginnt im Innen
tief drin',
wo alle Stimmen stimmen,
wo Klarheit, Weisheit, Wahrheit ist,
wo still der Fluss der Einheit fließt.
Wo unser Selbst,
das wir auch Urkraft nennen,
drauf wartet,
dass wir es erkennen.

Spiegelkabinett

Du kannst den Spiegel nur verstehen,
wenn du weißt,
wie deine Augen sehen.

Denn Spiegel können niemals lügen,
die Augen sind's,
die selbst sich trügen.

So ist der Spiegel sehr gerecht,
denn was du sehen kannst,
ist echt.

Drum lächle,
wagst du einen Blick,
denn wie du reinschaust, kommt's zurück.

Pegasus

Zuteil wird mir der Flügel Segen,
der Liebe zur Entfernung wegen.

Ich schließ' die Augen.
Was für Leben!

Ich seh' mich über Tälern schweben,
seh' Berge sich ins Nichts erheben,
Lawinen laut nach unten beben,
Kälte dem Frühling sich ergeben,
riech' Düfte mir entgegenschweben,
seh' Vögel eifrig Nester weben.
Die Welt wacht auf, beginnt zu leben.

Krachen, ein umgestürzter Baum,
Äste, Blätter, Schmerzen, Schwindel.

Jähes Erwachen.

Aus der Traum!

Ich schüttle mich, oh, was für Segen,
die Flügel, ich kann sie bewegen!

Beginn

Wenn ankommst du in dieser Welt,
bist du ein Pünktchen Geist. Beginn.
Fängst an zu gehen deinen Weg
und alles, was du lernst,
nennst du Gewinn.
Entwickelst weiter dich
im Lauf des Lebens.
Stellst Fragen.
Beginnst zu verstehen.

Das Jetzt ist wichtig,
nicht das Gestern,
um selbstbewusst vorwärts zu gehen.

Gemeinsam

Es ist das Feuer
in der Finsternis der Nacht,
das Licht,
das über alle Dunkelheit gestellt,
das uns mit seiner Wärme,
seinem Schein bewacht
und unsern Weg
bis hin zum Horizont erhellt.

Es ist in uns die Finsternis,
das Feuer und das Licht
und unser freier Wille
lässt uns Raum zum Spielen,
wenn unser beider Feuer
die Dunkelheit durchbricht,
sind wir bereit,
die Glut der Liebe zu erfühlen.

Weitblick

Wenn aus ständigem Erblicken Weitblick wird,
das Linienspiel des Horizonts zum Naherleben,
wenn alles in mir einen tiefen Sinn verspürt,
kann aus dem Auf und Ab der Sonnenscheibe
ich ins Nichts entschweben.

Erinnerungen?

Den Augenblick
nur für den Bruchteil eines Erdenlebens
angehalten,
hilft der Vergangenheit,
sich übermächtig zu entfalten.
Das Vergangene
ist die Erinnerung
an das gelebte Jetzt.
Leben ist,
wo das bewusste Sein
den Augenblick benetzt.

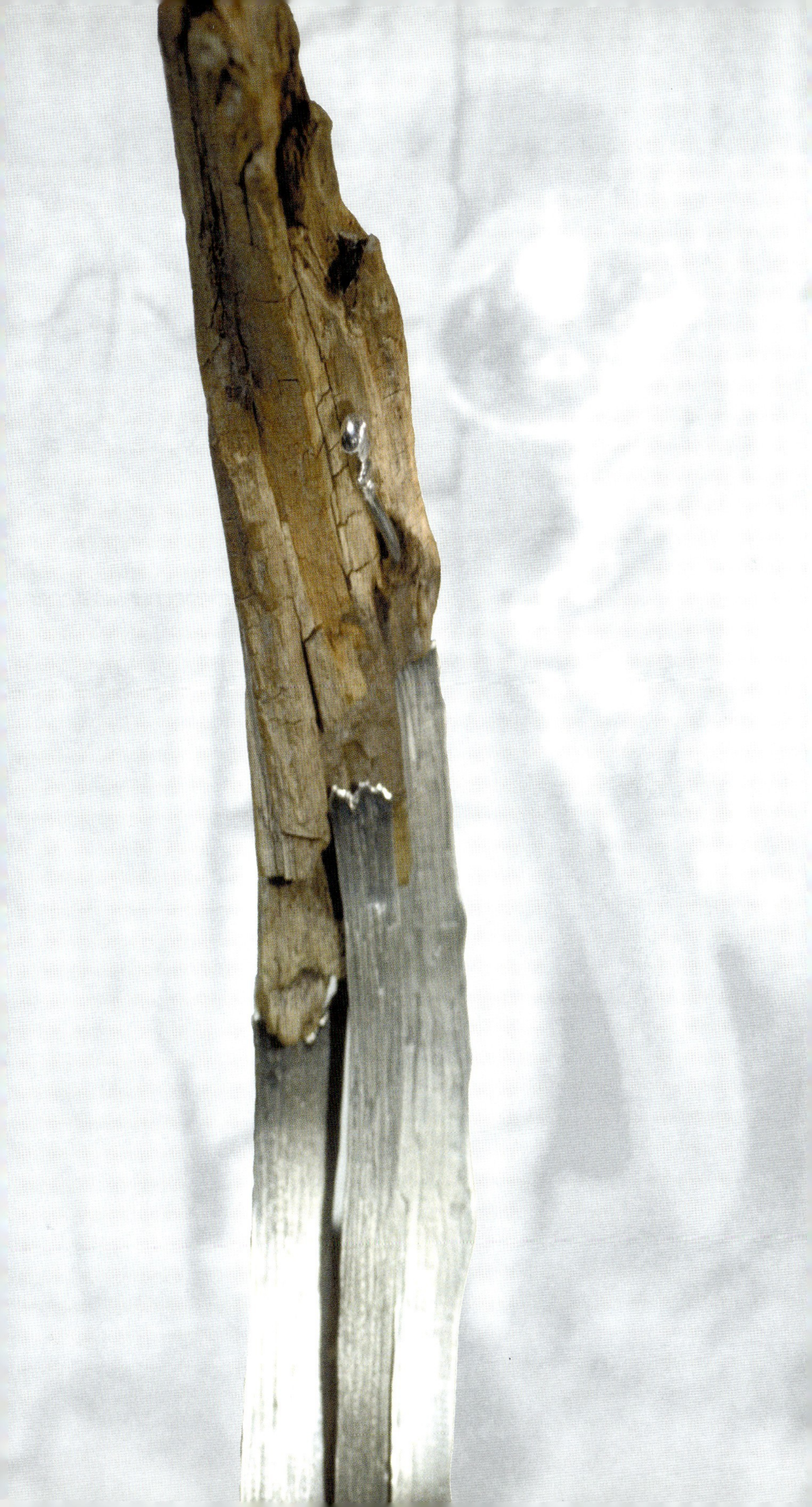

Zeitschleife

Das Auf und Ab im Jetzt
bewusst erleben.
Die Sinneskraft nach vorne richten,
in die Zukunft streben.

Erinnerungen an Gewesenes
im Geist entlasten.
Entwicklung möglich machen.
Räume schaffen.
Fasten.

Es zieht die Zeit
spiralenförmig ihre Schleifen,
in ihrem Sog
sind Raum und Zeit
zu reifen.

Glück

Wenn alles fließt,
so lass es fließen,
frag nicht:
“Ist es des Glück’s zuviel?”

Kannst ruhig Wasser auf die Mühlen
deines Schicksals gießen,
denn Glücklichsein
ist deines Lebens Ziel.

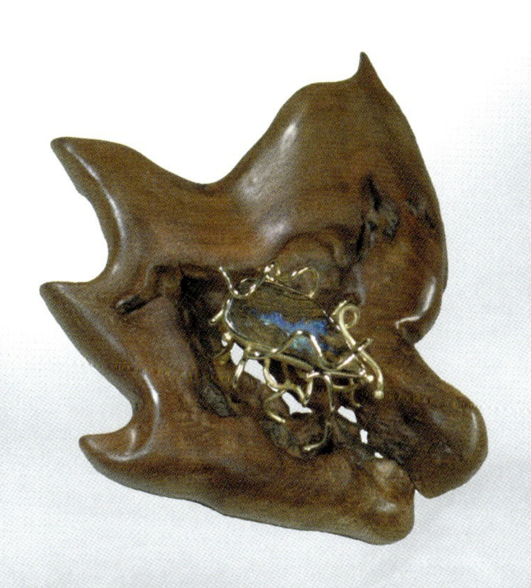

Dein Traum kam ans Licht.

Nimm an das Geschenk.
Weißt es noch nicht.
Hast Du's wirklich erlebt?
Du öffnest die Augen.

verwoben.
phantasievoll
und klar,
werden kraftvoll
nach oben,
drängen
Seine Bilder
Du träumst.

freudig zu funkeln.
beginnt er auf einmal
im abgrundtief Dunkeln,
Wird er erahnt

ein bezaubernder Traum.
alleine für sich
gleißt
im lichtlosen Raum
tief unten
Verborgen

Ans Licht

Lebenspuzzle

Wenn du ein Puzzle hast begonnen,
hast du das Bild im Kopf bereit.
Und du durchlebst des Spieles Wonnen
mit Ungeduld und Heiterkeit.
Die Teile fügen sich zusammen.
Das Bild, gelebt, gleicht dem im Geist.
Der Liebe muss ein Werk entstammen,
dass kraftvoll es die Zukunft weist.

Ent-binden

Loslassen heißt das Jetzt zu leben.
Vergangenem keinen "Raum" zu geben.
Verlustschmerz an der Wurzel fassen.
Neues in sein Leben lassen!

Ent-fassen

Was wir in dieser Welt auch fassen,
wenn reif die Zeit, müssen wir's lassen.
Wir sind bestimmt nur, um zu nützen,
was da ist, und es zu beschützen.
Wir lernen Nehmen gleich wie Geben,
um loszulassen auch das Leben.

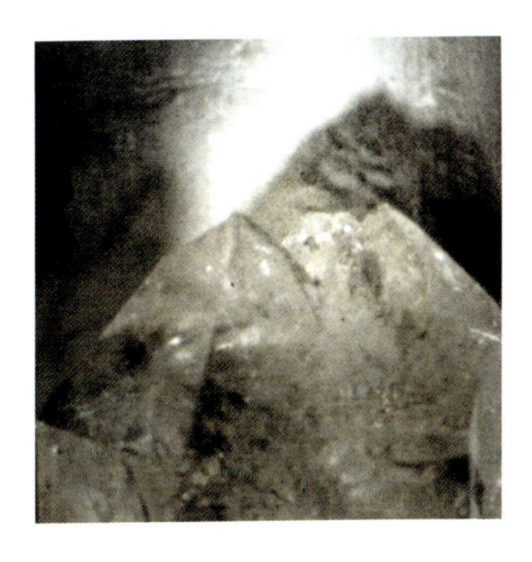

Ent-sorgen

Loslassen
heißt gehen
durch Schmerzen,
die aufgestaut
in unser'm Herzen.

Gehaltenes
wie ein Kind gebären.
Den inneren Stausee
zu entleeren.

Um, durch frische Quell'n gefüllt,
klar zu sein,
von Gott gestillt.

Weltenlohn

Die Reise, die du angetreten,
ist nicht weit.
Dort, wo sie für dich endet,
beginnt die Ewigkeit.
Der Tod ist nicht das Ende,
ist Neugeburt in eine andere Dimension.
Dein Sterben war nur eine neue Wende.
Die Ewigkeit ist deines Lebens Lohn.

Lichtblicke

Nun bist du eingeschlafen
und nicht mehr aufgewacht.
Die Augen sind geschlossen,
begonnen hat die Nacht.
Du siehst nun mit dem Geiste,
dein Blick ist hell und klar.
Das Licht, das dich erleuchtet,
ist vollkommen und wahr.

Reifen

Bedeutet Sterben Ende?
Bedeutet's Beginn?
Warum zieht es uns
so zum Leben hin?

Vielleicht,
weil wir noch nicht
begreifen,
dass wir am Leben
und Sterben
reifen?

Gemeinsam frei

Wenn zwei vereinen sich im Geist,
der Weg in Richtung Zukunft weist.

Um ihn gemeinsam zu beschreiten
und beider Horizont zu weiten.
Zu zweit auch Tiefen zu erleben
und dennoch sich dem "Ja" ergeben.
Die Partnerschaft zum Lernen nützen.
Einander ehrend unterstützen.
Teilen der Liebe warmen Schein,
um miteinander frei zu sein.

Wenn zwei vereinen sich im Geist,
das Universum um sie kreist.

Seelenklänge

Lass' die Saiten deiner Geige kraftvoll klingen,
die Wellen ihrer Klänge
in die Zukunft schwingen.
Wisse, dass kein Ton von dir je geht verloren
und dass dein Leben Schwingung ist,
seit du geboren.
Die Wellen, die du vorausschickst,
machen den Weg dir eben.
So kannst im Jetzt du tun
und deine Zukunft leben.
Die inneren Schicksalssaiten
streichst du mit deinem Geist,
der schwingen lässt die Seele,
dir so die Richtung weist.

Feuerfrucht

“Gebrannte Kinder” wissen um des Feuers Macht.
Sehen ängstlich in die Flammen,
weichen zurück bedacht.
Fühlen nach langem noch der Hitze Schmerz,
die Bilder, ganz tief eingebrannt, in Geist und Herz.

Doch das “Erwachsenwerden-Wollen”
stößt an zu neuem Mut,
und im Vergangenen–Erkennen
stell ich mich neu der Glut.

Fühl’ frisches Selbstvertrauen
in mir erstehen, mit Macht –
und spür’,
des Feuers wahre Frucht
ist nun in mir erwacht.

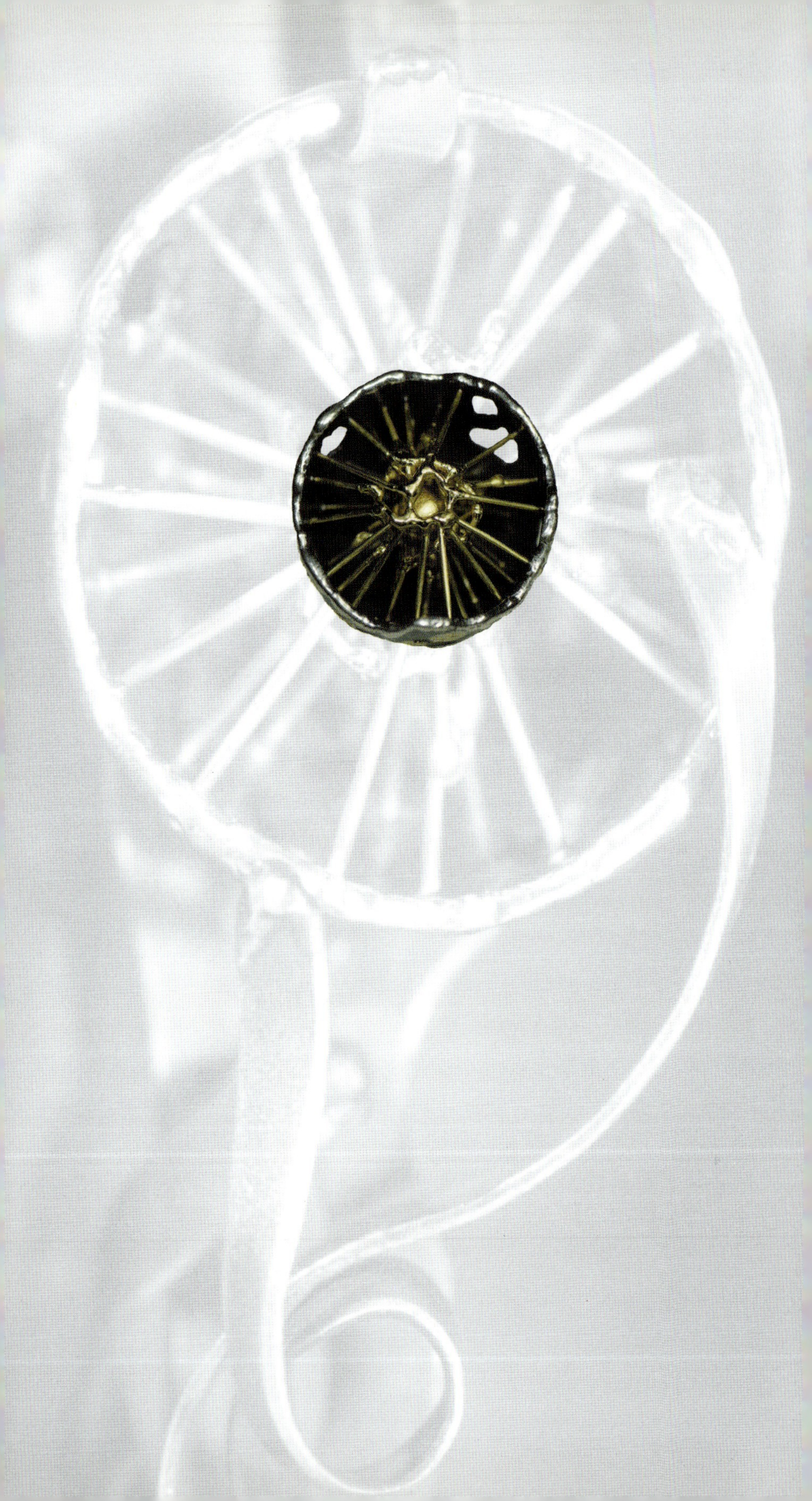

Sonnengeflecht

Wenn du die Augen schließt, kannst du es spüren,
kannst es mit den Sensoren deines Seins berühren.
Es fühlt sich greifbar an, doch ist es nicht zu fassen,
Du kannst dich dennoch in die Tiefe fallen lassen.
Es fühlt sich an wie ein Planet, der in dir kreist,
der dir das Glück aus einer fernen Welt verheißt.
Prickelnde Wärmeströme füllen auf dein Sein,
Du bist erfüllt von Freude, bist in dir all-ein.
Du kannst sie fühl'n, die Liebe, doch du siehst sie nicht,
sie ist in dir geflochten, mit Strahlen aus reinstem Licht.

Einkehr

Bist suchend auf dem Weg,
so darfst du finden,
darfst mehr und mehr
vom starren Denken
dich entbinden,
lernst transparent zu werden,
zu öffnen deinen Geist,
bis du den Kern gefunden,
der Freiheit dir verheißt.

Geheimnis

Willst das Geheimste du verstehen?
Des Lebens Quintessenz ersehen?
So fühl hinein mit allen Sinnen,
schließ deine Augen, sieh nach innen.

Höre die Stille in dir schwingen,
begreif die Worte, die da klingen.
Rieche und schmeck den Duft vom Sein,
spüre die Glut, sieh ihren Schein.

Du hast in dir der Liebe Glühen,
kannst wie die Sonne sie versprühen,
brauchst dich nur ihrer zu besinnen,
wird sie erneut an Kraft gewinnen.

Sie ist der Quell, der nie versiegt,
der allem Sein zugrunde liegt.
Musst dich nur öffnen ihrem Fließen,
darfst dies Erleuchtet-Sein genießen.

Woher?

Woher sind die Ideen, die uns weiterbringen?
Die ganz urplötzlich ins bewusste Leben dringen?
Uns sanft zum Wollen und zum Handeln zwingen?

Sind es Geschenke, die in unser Denken schweben?
Uns Einblick in verborg'ne Dimensionen geben?
Auf dass den Geist wir zum Erkennen heben?

Könnten wir diese Kräfte je begreifen,

würd' im Erkennen Demut uns ergreifen,
um zum Verstehen des Ewigen heranzureifen.

Elementereigen

Aus Sonne, Wasser, Luft und Erde
und göttlich liebendem Bemüh'n
fügt sich, dass Staub zum Holze
werde
und sprießen darf das frische Grün.

Um diesen Kreislauf zu versteh'n
nützt nicht der Logik strenges Denken,
wir dürfen lernend in uns geh'n,
in unsre Mitte uns versenken.

Dort, wo die Stille Farben malt,
wo wir uns im Erkennen neigen;
dort, wo der Friede in uns strahlt,
schließt sich der Elemente Reigen.

Verborgen

Dein Samen fiel auf Felsengrund,
dein Körper war dir vorgegeben,
so wächst du, karg, doch kerngesund
dein "Wetter-Stürme-Sonnen-Leben".

Die Zeit verging, nun bist du alt,
und du hast aufgehört zu zählen,
wie oft der Blitze Urgewalt
dich schlug, um deinen Leib zu quälen.

Rissig ist deine Hülle nun,
doch Jugend fühlst du noch im Kerne;
du weißt, du hast noch viel zu tun,
und außerdem grünst du so gerne.

Kann man die Kraft auch nicht erkennen,
die sprießen lässt dir neue Triebe,
so fühlt man doch dein inn're Brennen,
dass eins du bist mit Gottes Liebe.

Klarheit

Es ist das Denken stets durchzogen
von wunderbaren Wünscheträumen;
in unserm Hirn wird abgewogen,
um Zugeständnis einzuräumen.

Die Träume sind wie Wurzelmaser,
an Fülle reich und sehr real,
koste sie aus mit jeder Faser,
dann werden Wünsche zu Kristall ...

Und wenn ein Wunsch wie Feuer gleißt,
Begeisterung dein Sein ergreift,
Du deinen Weg ganz einfach weißt.
Klarheit ist nun in dir gereift.

Auflösung

Gibt es Grenzen?
Gibt's die Zeit?
Gibt's Räume in der Ewigkeit?
Die Raumzeit ist ein kurzes Glück;
der Weltenweg ein kleines Stück.

Wenn Ewigkeit die Zeit entbindet,
die Welt im Endlosen verschwindet,
wenn aufgelöst jede Struktur,
gelöscht die Bindung an die Uhr,
wenn weder Tag es gibt, noch Nacht,

sind "endlich" wir im Geist erwacht.

Aufgegangen

Wenn du ein Stern wärst, weit da oben ...,
könntest du alles überblicken,
du wärst der Schwerheit ganz enthoben,
könntest mir deinen Lichtstrahl schicken.

In diesem Licht schwingt alles Wissen,
das in dir ist seit Anbeginn.
Ich lass' es dankbar in mich fließen
und geb mich deinem Strahlen hin.

Wenn dann die Nacht zu Ende geht,
die du mir durch dein Sein erhellt,
dein Wissen mir zur Seite steht,
wenn mir der Tag die Fragen stellt.

Der See Feuergold

Stell' dir vor, du sitzt ganz ruhig auf einem Stein.
Vor dir ein wunderbarer See, den du gerad' gefunden.
Das warme Leuchten, glaubst du, kommt vom Sonnenschein,
doch dieser See strahlt auch während der Nächte Stunden.

Du spürst es warm und denkst: "Heut' ist das Glück mir hold!"
Fühlst Kraft und Lebensfreud' in dir pulsieren,
denn dieser See vor dir besteht aus reinem Gold,
den Wunsch, ihn zu besitzen, kannst du deutlich spüren.

Du könntest mit dem Gold dir jeden Wunsch erfüllen,
denn was du auch entnähmst, der See, er blieb gefüllt,
könntest den Armen helfen, ihren Hunger stillen.
Die Kraft dir zu erwerben, bist du nun fest gewillt.

So prägen Wunsch und Wille sich ein in deinen Geist,
senden ins Universum: "Bereit zum Neubeginn!"
Und so kann es geschehen, dass du urplötzlich weißt,
der See, den du gefunden, liegt ganz tief in dir drin.

Du bist dein größter Reichtum, hast DICH zu DIR geführt.
Vorbei ist nun die Zeit, da ausgeteilt du Hiebe.
Du hast in dir gefunden, was du schon lang' gespürt;
der See, der in dir leuchtet, er ist die reine Liebe.

Phönix

Es ist die Urgewalt in ihm,
die uns respektvoll lässt erkennen,
dass wir mit Vorsicht ihm begegnen,
um uns nicht schmerzlich zu verbrennen.

Doch ist die Zeit dafür gegeben,
sind starr wir, wollen uns nicht rühren,
kann es gescheh'n, dass wir im Leben
des Feuers Macht mit Wucht verspüren.

Da brennen weg uns unsre Güter,
die Macht und Anseh'n uns gebracht;
verglüh'n die vorgehaltnen Masken
der Selbstgerechtheit - über Nacht.

Rauchend entschwebt Erinnerung
von nicht mehr rückholbaren Dingen.
Schwarz steigt im Geist Gewissheit auf.
Verkohlt die Träume! Tränenringen!

Züngelnd zwingt uns des Feuers Macht
der Gegenwart ins Aug' zu seh'n,
um materiell "zu Grund gerichtet"
demütig in uns zu geh'n.

Da kann nun wieder Hoffnung sprießen
auf frischem Boden, der ent-keimt;
kann Wurzeln schlagen neuer Wille,
wenn er mit Liebe sich vereint.

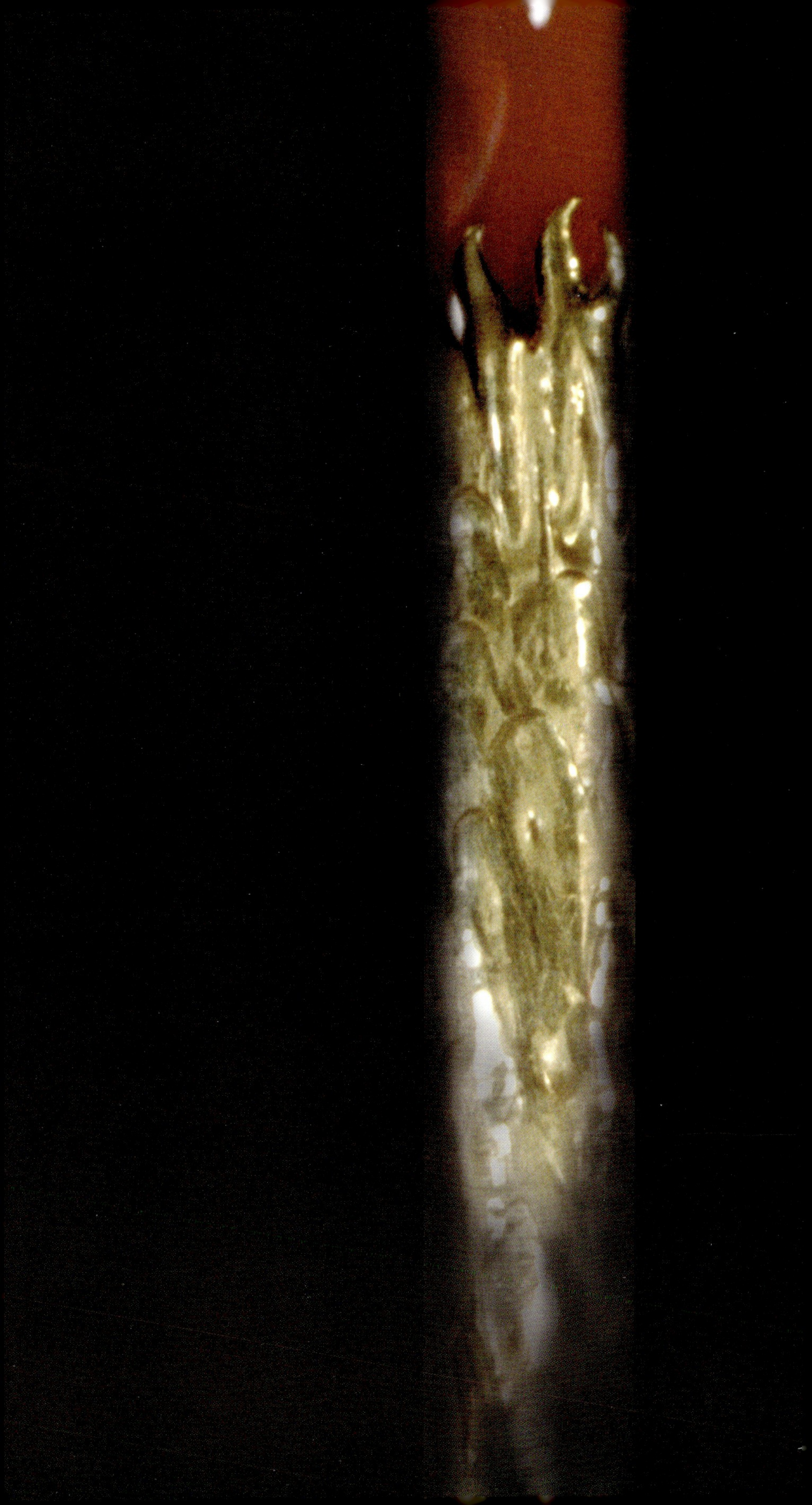

Wachstum

„Steter Tropfen höhlt den Stein“,
sagen uns weise Worte.
Der Schneckencalcedon sagt „nein“
zu Sprüchen dieser Sorte.

Würd’ man das Tropfen unterbinden,
so wär’ es schlecht um mich bestellt.
Ihr würdet nirgendwo mich finden,
ich wachse, weil der Tropfen fällt.

So ist’s mit allen Dingen gleich,
wir müssen’s nur begreifen.
Der eine wird vom Tropfen weich,
der andre will dran reifen.

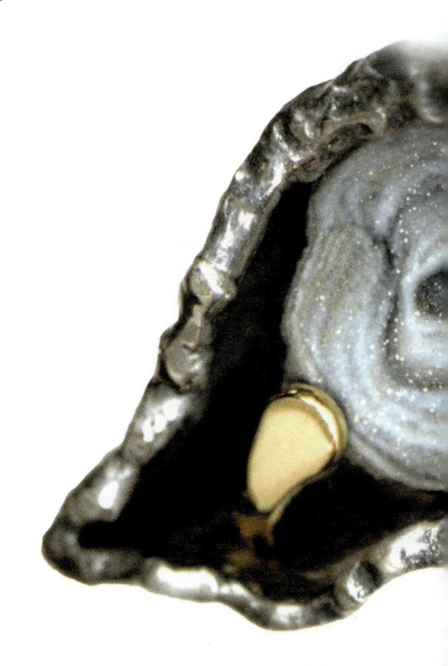

Verschmelzung

Es ist der Liebe wahres Wesen
die Oberfläche zu durchdringen,
Vorurteile aufzulösen,
inn're Bereitschaft uns zu bringen;
um in der Transparenz des Seins
Widersprüche zu erfassen
und zu entdecken, dass wir EINS,
wenn das Versteckenspiel wir lassen.

Erdenweg

Die Reise in die Raumzeit nennen wir Geburt;
sie ist ein Ausflug in das sinnvolle Erleben.
Den Weg haben im Geist bereits wir vorgespurt.
Die Gnade, ihn zu gehen, ist von Gott gegeben.

Wir dürfen nun erfahren, was wir lernen wollten;
zwängen aus der Geborgenheit uns in das Leben.
Erleben so, dass wir nicht halten, sondern lassen sollten,
um zu erlösen uns und um uns freizugeben.

Wir dürfen uns entwickeln im Spannungsfeld der Zeit.
Verwickeln uns im Schein, um endlich zu versteh'n,
dass nur "Sich-Lösenkönnen" zur Liebe macht bereit,
um glücklich und im Frieden den Weg zurück zu geh'n.

Seitenblicke

Man braucht Besonderes im Leben,
will aus der Masse man sich heben,
hat man's mit Eifer und Geschicke
gefunden, fühlt man "Seitenblicke".

Es zählt wohl zu des Lebens Streichen,
dass man geneigt ist zu vergleichen;
daraus folgt dann gleich der Bescheid,
der Kopf, er denkt, der Bauch fühlt Neid.

So lernt man seinen Weg zu geh'n,
die eignen Werte anzuseh'n,
bis man, von Blicken unberührt,
des Lebens Freud' in sich verspürt.

Nun kann Besonderes man tragen
und damit selbst sich danke sagen.

Königin der Nacht

Schwarzgold'ne Königin der Nacht
beherrscht des Tages Schattenseite.
Über das Träumereich sie wacht,
Herrin der Leere und der Weite.

Lenkt ab der Tag durch grelles Licht,
lässt sie der Sterne Weisheit funkeln.
Zählt Schatten zu Sarastros Pflicht,
schenkt Wissen sie dem Geist im Dunkeln.

Ist seine Welt die Welt der Macht,
so ist die ihre es, zu geben.
Raubt Kraft der Tag, so ist's die Nacht,
die uns erfüllt mit neuem Leben.

So ist der Ausgleich wohl erdacht,
der Tag nimmt Kraft, gibt Freud' und Sorgen.
Des Tages Treiben nimmt die Nacht,
gibt Energie uns für das Morgen.

Die Leere ist der Raum für Fülle,
durch sie seh'n wir des Lebens Pracht;
und so erfüllt sich Gottes Wille,
in ihm vereint sich Tag und Nacht.

Mondscheinerwachen

Der Mond bringt Ruhe uns - und Stille,
erhellt die Nacht mit kühlem Schein.
Im Schlaf erwacht in uns der Wille
neu zu erleben unser Sein.

Neubeginn wird im Schlaf geboren,
wo Weisheit steuert unsern Geist,
wo Zweifel bleiben unbeschworen,
wo Zuversicht die Richtung weist.

Wir geh'n den Weg, dürfen erfahren;
spüren des Lebens Freud und Schmerz,
wachsen und reifen in den Jahren,
beginnen zu öffnen unser Herz.

Da kann der Kreis sich wieder schließen,
des Lebens Fülle fordert Ruh'.
Des Mondes Schein kann in uns fließen,
flüstert uns neue Träume zu.

Lebensrhythmus

Rhythmus belebt, gibt Schwung, entfacht Glut.
Den Rhythmus in dir, du hast ihn im Blut.

Rhythmus ist Pulsschlag, ist Atmen, ist Leben.
Der Rhythmus in dir lässt immer weiter dich streben.

Rhythmus ist Leichtsinn, ist Freude, ist Schmerz.
Der Rhythmus in dir, es schlägt ihn dein Herz.

Rhythmus ist Lust, ist Lachen, ist Stille.
Den Rhythmus in dir gibt an dir dein Wille.

Rhythmus ist Wirken, ist Wachen, ist Ruh'n.
Der Rhythmus in dir fordert ständig dein Tun.

Rhythmus ist Reifen, ist Jugend, ist Alter.
Der Rhythmus in dir ist dein Lebensgestalter.

Rhythmus ist Arbeit, ist Lernen, ist Lehren.
Der Rhythmus in dir lässt dich das Leben begehren.

Rhythmus ist Macht, ist Lösen, ist Schlagen.
Der Rhythmus in dir stellt unaufhörlich dir Fragen.

Rhythmus ist Suchen, ist Finden, ist Einen.
Der Rhythmus in dir lässt dich lachen und weinen.

Rhythmus ist Kraft, ist Zweifel, ist Wissen.
Der Rhythmus in dir bringt deine Seele ins Fließen.

Rhythmus ist Einheit, ist Kommen, ist Geh'n.
Der Rhythmus in dir drängt dich zum Versteh'n.

Rhythmus ist Freude, ist Weisheit, ist Leben.
Der Rhythmus in dir ist von Gott dir gegeben.

Rhythmus ist Klarheit, ist Fühlen, ist Entfernen.
Der Rhythmus in dir hilft dir, dich lieben zu lernen.

Rhythmus ist Ekstase, ist über Grenzen sich wagen.
es liegt nun an dir, deinen Rhythmus zu schlagen.

Sternstunden

Es gibt Momente, wo dein Gestern und dein Morgen
zu einem Jubel-Heut' verschmelzen.

Es gibt Momente, wo Hoffnungen und Sorgen
am Erntedankfest sich im Leitsinn wälzen.

Es gibt Momente, wo Erfolg erfolgt,
weil du dich überwunden.

Es gibt Momente, wo du frei dich fühlst,
weil du dich hast entbunden.

Es gibt Momente, die wie Sterne funkeln,
weil du dir selbst den Weg erleuchtet.

Es gibt Momente, wo du endlos wächst,
weil dich der Tau des Lebens hat befeuchtet.

Es gibt Momente, wo du glücklich bist,
weil du dich hast gefunden.

Es gibt Momente, wo du selbst dich liebst.
Ich wünsch' dir viele dieser Sterne-Stunden.

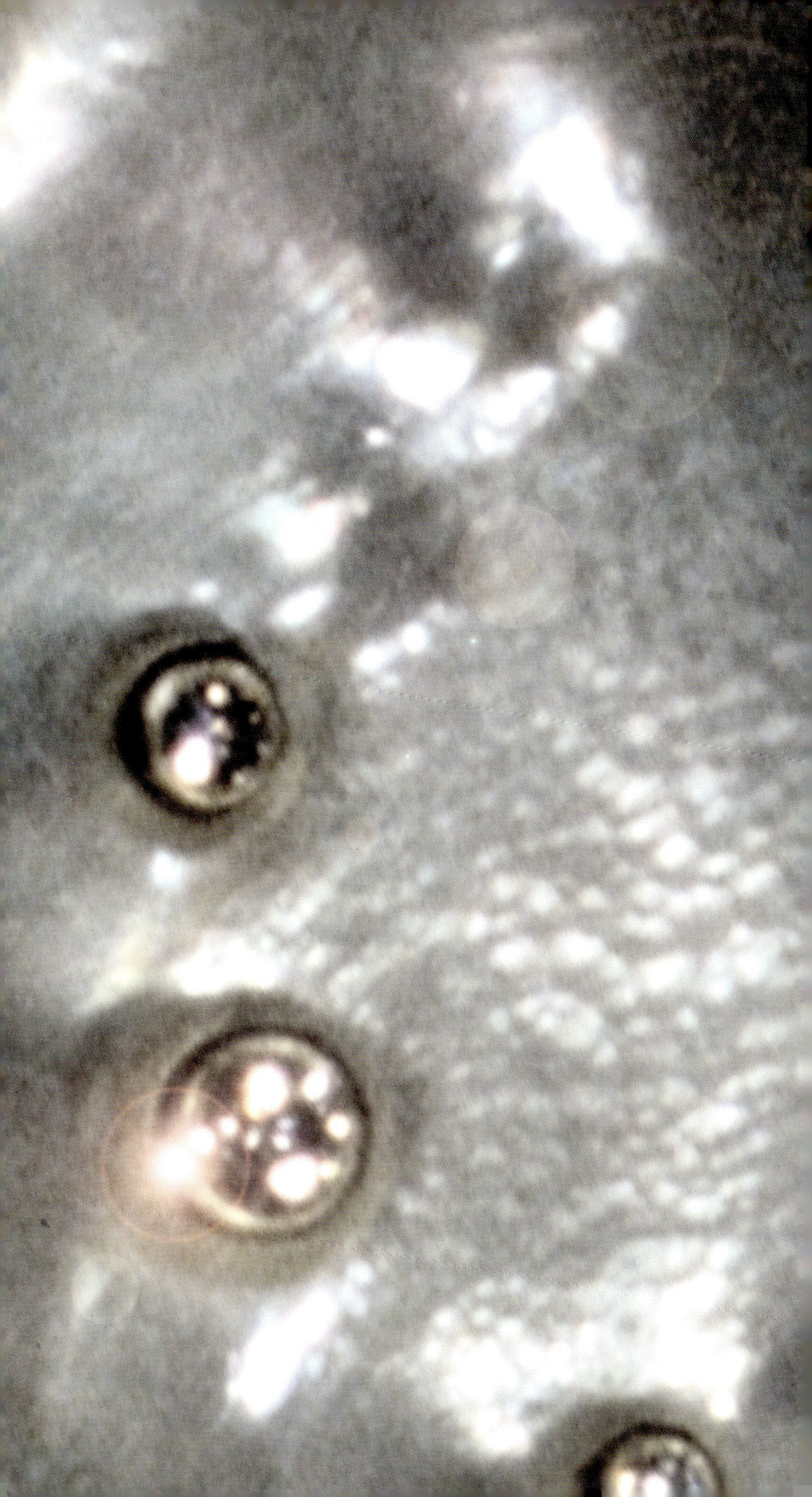

Spuren

Es ist das Sein in Raum und Zeit
geprägt durch die Vergänglichkeit.

Die Zellen in unserm Körper sterben,
um Raum zu geben neuem Werden.
So wie im Herbst die Blätter fallen,
um zu entfalten neue Pracht,
wird auch geboren jeder Tag,
um einzugehen in die Nacht.

Und schließlich sind wir selbst am Gehen.
Treten hinaus aus Raum und Zeit.
Die Spuren bleiben noch bestehen.
Wir schweben in die Ewigkeit.
Können nun klar im Geiste sehen,
den Sinn des Erdenwegs verstehen.

Der Raumzeit-Körper war nur Hülle,
um zu erfühlen Gottes Fülle.

Es war die Nacht, die's galt zu leben,
um uns des Tages Licht zu geben.

Spurensuche

Du siehst die Spuren deiner Füße,
wenn du in weiche Erde steigst.
Suchst du die Spuren deines Lebens?
Du findest sie nur, wenn du schweigst.

Solltest bereit sein, hinzuhören,
wie andere Menschen dir begegnen.
Was dich an ihrem Wesen stört,
darfst du in dir erkennend segnen.

Dies führt zu deinen inneren Spuren,
die tief in dir dein Handeln prägen.
Kannst sie nun deuten, kannst dich lösen,
um neue Wege zu erwägen.

Tonspuren

Nieder schwingt der Ton der Erde,
sodass er unhörbar vibriert.
Wir dürfen, weil wir höher schwingen,
ihm helfen, dass zur Form er wird.

Wir können durch den Ton begreifen,
dass wir um weniges nur weiter,
durch höhere Hilfe wir nur reifen,
zu schwingen auf der Töne Leiter.

So wie's dem Töpfer vorbehalten,
was aus der Masse Ton nun werde,
füge dich göttlichem Gestalten,
dass du geformt verlässt die Erde.

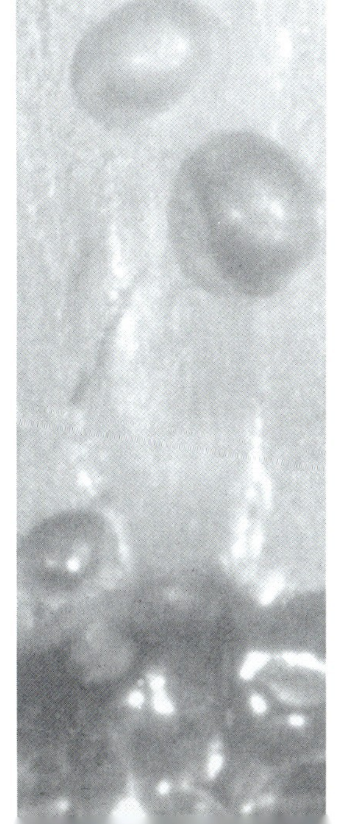

Tonspiel

Bringst du ein Tongefäß zum Schwingen,
kannst hör'n du, wie der Ton erklingt.
Sind's Moleküle, die da singen,
die durch der Scheibe Dreh'n beschwingt?

Es ist der Einklang Mensch-Natur,
der Freude weckt in allem Sein.
Verfließen lässt das Maß der Uhr,
um zu ertönen ganz ALL EIN.

Enthüllt

Die Hülle birgt, so Gottes Wille,
des Menschen geistige Lebensfülle.

Bringt man das Innere zum Brennen,
kann man im Außen dies erkennen.

So wird das Glühende der Fülle
zur lebensfrohen äuß'ren Hülle.

Entschließt die Fülle sich zu geh'n,
hilft uns die Hülle zu versteh'n.

Wenn wir enthüllt und unverstellt,
erhellt die Fülle unsre Welt.

Vernetzt

Wenn du das “Oder” durch das Wörtchen “und” ersetzt,
dich nicht mehr durch erzwung’ne Entbehrungen verletzt.

Wenn du im Geist dein Links ins Rechts versetzt,
nicht hin- und hergerissen durch das Leben hetzt.

Wenn du mit Licht und Schatten dich zusammensetzt,
und nicht der Klinge Schneide für den Kampf du wetzt.

Wenn alle Möglichkeiten du mit “Ja, ich will!” besetzt,
du nicht das Gestern oder Morgen wählst,

sondern das „Jetzt“:...

Hast du dein Denken und dein Fühlen gut vernetzt.

Erreicht

Wenn du ein Ziel vor Augen hast,
so wirst du es erreichen.
Gönn dir am Weg so manche Rast,
um Unrast auszugleichen.

Das Ziel ist deiner Reise Grund,
der Weg bedeutet Lernen.
Wege sind wie die Erde rund,
du kannst dich nicht entfernen.

Gehst du mit Freud, erreichst du viel
und wirst am Ende seh'n,
du selbst bist deiner Reise Ziel,
es lohnte sich zu geh'n.

Der Zahn der Zeit

Es ist nur scheinbar angebunden
dein Leben ans "Raum-Zeit-Gestein".
In manchen stillen, klaren Stunden
wird dir bewusst dein wahres Sein.

Kannst losgelöst vom Erdenkreis
ins Reich der Ewigkeit entschweben.
Der Zahn der Zeit zerfließt wie Eis,
enthüllt für dich das wahre Leben.

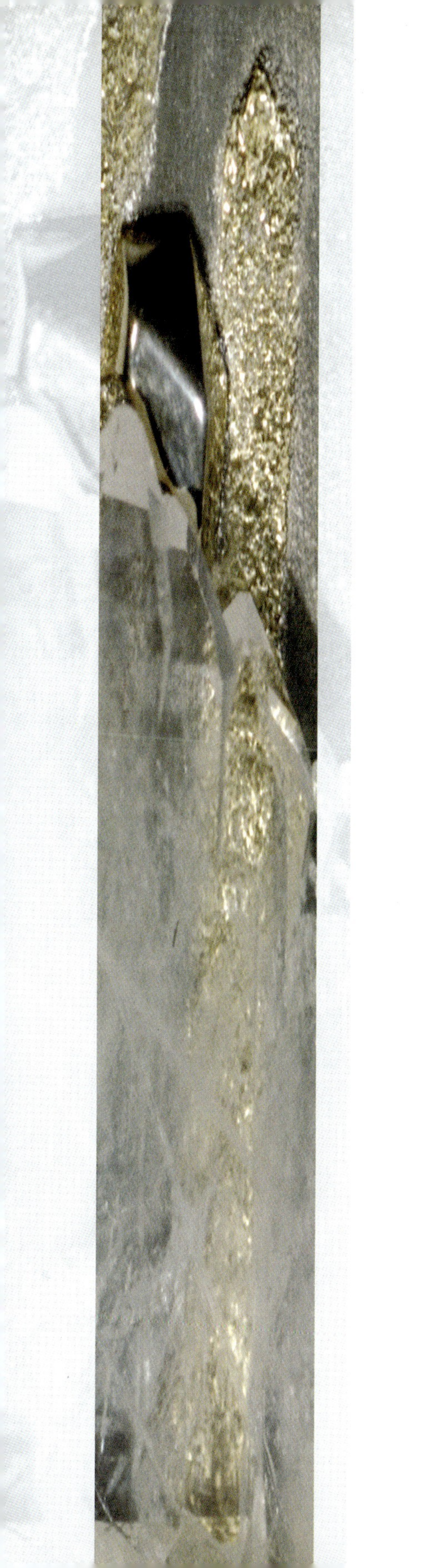

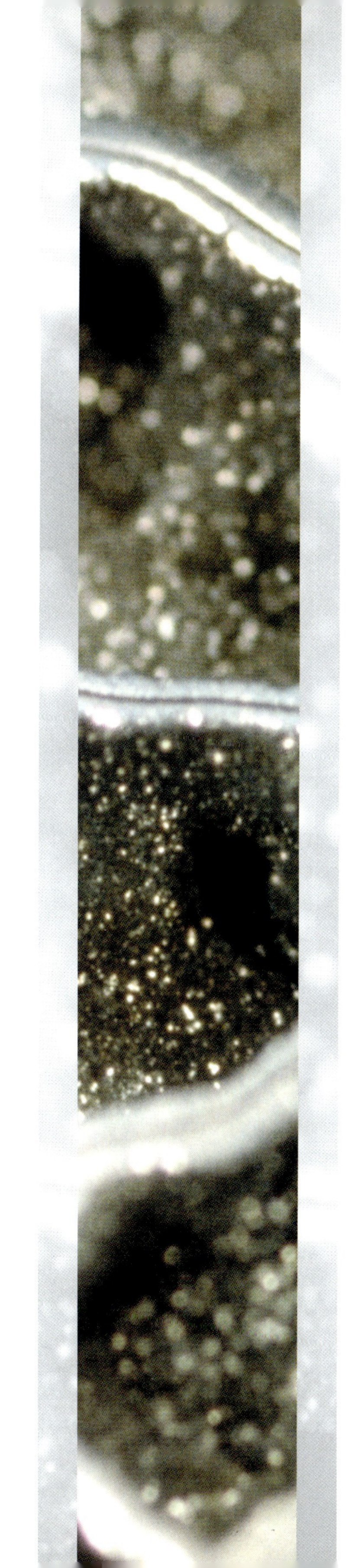

Flügelschlag der Zeit

Die Weltenuhr schlägt Tag und Nacht
und lässt uns so die Zeit ermessen.
Das Erinn'rungs-Chronometer hat Macht
Sein Zählwerk heißt Vergessen.

Papier, geschaffen festzuhalten,
was der Gedankenkraft entspringt,
hilft die Erinn'rung zu verwalten,
bis Auflösung Erlösung bringt.

Das Eisen sucht dem Lauf zu trotzen,
für's Zeitgescheh'n ist's leichte Kost.
Obgleich's geschmeidig sucht zu protzen,
bleibt letzten Endes nur der Rost.

Auch unser Wunsch heißt langes Leben,
Sekunden werden Kostbarkeit,
doch wenn wir uns zur Ruh' begeben,
war's nur ein Flügelschlag der Zeit.

So lasst uns dieses Leben nützen,
lernen, Gefühle auszuleben,
lasst uns einander unterstützen,
uns gegenseitig Liebe geben.

Lasst uns an die Sekunde denken,
in der wir von der Erde geh'n,
uns're Begabungen uns schenken,
das ew'ge Leben in uns seh'n.

Spiegelbilder

Lass uns einander Spiegel sein,
lass dich zum Sehen in mich ein.

Will künftig mich in dir erkennen,
dich Spiegel meines Lebens nennen.

Was mir in deinem Sein gefällt,
ist das, was in mir zu mir hält.

Was ich an dir nicht leiden mag,
leid' ich an mir nicht, mir zur Plag.

Kann durch dich in mein Innres seh'n,
lernen, durch dich mich zu verstehn.

Dies ist der Sinn in uns'rem Leben:
Wir dürfen durch uns Glück uns geben.

Vater

Ich habe mich sosehr bemüht dich zu verstehn,
versucht, die Welt mit deinen weisen Augen anzusehn.
Deine Erklärungen kamen aus weiter Ferne,
für mich als Kind so unerreichbar wie die Sterne.

Du warst der Größte, fast ein Heiliger für mich,
und doch erfassten manchmal Zorneswogen dich.
In diesen Wutmomenten hat mich Angst erfasst,
ich war vor Schreck gelähmt, hab dich dafür gehasst.

Während der ganzen Schulzeit hast du dich oft gegrämt,
hast dich ob meiner Schwächen gesorgt und auch geschämt.
Musstest den guten Ruf in der Gesellschaft wahren,
den du dir hast geschaffen in ehrgeizreichen Jahren.

Du hast mich ausgebildet, hast dich zu mir geneigt,
du schenktest mir dein Können, hast mir soviel gezeigt.
Du lehrtest mich, das Wesen der Dinge zu verstehn,
nicht in der Wiederholung die Sicherheit zu sehn.

So vieles hab ich in mir an intuitivem Wissen,
die Schule hat mich's nicht gelehrt, auf dich nur kann ich schließen.
So wird mir klar, dass du zeitlebens mich lehrend hast begleitet,
und dass dein Same aufgegangen und stetig mich nun weitet.

Heut fühl ich, du hast mich geliebt, hast immer mich behütet.
Ich habe deine Zuneigung mit Undank dir vergütet.
Sehr spät wurd' ich erwachsen, nun kann ich dich verstehn,
möcht' dir für alles danken, dir in die Augen sehn.

Ich weiß nun, es ist nicht an dir, Verzeihung zu erbitten,
auch du warst deines Vaters Sohn und hast wie ich gelitten.
Den Kreislauf zu durchbrechen obliegt allein den Söhnen,
sich mit der Väter Gaben erkennend auszusöhnen.

Geh ich zurück die Reihe der Väter, zum Beginn,
seh ich zum ersten Vater, seh zu Gott-Vater hin.
Er hat den freien Willen uns zum Geschenk gemacht
Und damit das Verzeihen als Weg zu ihm erdacht.

Herzenswünsche

Ich wünsch dir Weisheit, dass du offen bist für's Finden.
Ich wünsch dir Stärke, dich zu überwinden.

Ich wünsch dir Mut, dich selbst zu hinterfragen.
Ich wünsch dir Selbstbewusstsein, Wahrheit zu ertragen.

Ich wünsch dir Zeugungskraft und Kraft zu überzeugen.
Ich wünsch dir Biegsamkeit, um dich dem Sturm zu beugen.

Ich wünsch dir Klarheit für ein reines Denken.
Ich wünsch dir Lebenskraft, um Liebe zu verschenken.

Ich wünsch dir Phantasie, dein Leben zu gestalten.
Ich wünsch dir inn're Ruhe, um Weisheit zu erhalten.

Ich wünsch dir Lebensfreud und Lust, im Glück zu wühlen.
Ich wünsche Demut dir, um Dankbarkeit zu fühlen.

Ich wünsch dir Weitblick, deinen Weg zu sehn.
Ich wünsch dir Tatkraft, um zu Ende ihn zu gehen.

Ich wünsche dir Gesundheit und ein langes Leben.
Ich wünsch dir, dass du nützen kannst, was dir gegeben.

Ich wünsch dir Wachheit, um in dich zu schaun.
Ich wünsch dir Herzenswärme, um auf Gott zu baun.

Anfang und Ende

Beginnen – Schöpfen – Kraftvolles Tun
Beginnen – Euphorie – Immer weiter, nicht ruhn
Beginnen – Überwinden – Wollen – Erwarten
Beginnen – Mutprobe – Selbstbewusst starten
Beginnen – Entscheiden – Chancen erfassen
Beginnen – Vermehren – Vermögen hinterlassen

Erben – Übernehmen – Nachfolge antreten
Erben – Sich binden – Nicht Gewolltes vertreten
Erben – Ertragen – Traditionen – Gewicht
Erben – Beklagen – Suchen nach Licht
Erben – Gewinnen – Gen-Geschenke erkennen
Erben – Hinterfragen – Von Lasten sich trennen
Erben – Draus lernen – Auf das Wollen besinnen
Erben – Danken – Neues beginnen

Dankbarkeit

Vater, ich danke dir,
du hast mich großgezogen.

Vater, ich danke dir,
hast mir ein Heim gebaut.

Vater, ich danke dir,
du hast mich nie belogen.

Vater, ich danke dir,
hast immer mir vertraut.

Vater, ich danke dir,
du hast geformt mein Leben.

Vater, ich danke dir,
hast mich als Sohn gesehn.

Vater, ich danke dir,
du hast mich freigegeben.

Vater, ich liebe dich,
kann nun ins Leben gehen.

Neugeburt

Erfüllt vom Spannungsfeld der Pole war dein Leben.
Gott hat dir Freud und Leiden mitgegeben.
Nun hast verlassen du den Körper,
der lange dich getragen,
um einen neuen Weg
in andere Dimensionen einzuschlagen.
Zu dieser „Neugeburt"
ins Ewige
viel Glück.

Der Regentropfen, der ins Meer gespült,
kehrt irgendwann im Quell zu uns zurück.

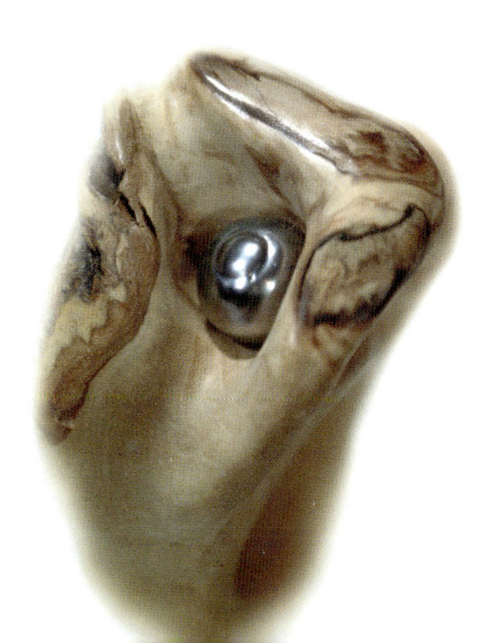

Zeitzeuge

Denkst du: „Wie war es früher gut“?
Wagst nicht, im Hier und Jetzt zu leben?
Fehlt für die Zukunft dir der Mut?
Was kann Vergangenes dir geben?

Fühle die Zeit mit weisem Blick
und höre ihre Botschaft klingen,
du wirst begreifen dein Geschick
und schmecken, was die Winde bringen.

Kannst Menschen nehmen, wie sie sind,
kannst urteilfrei die Zeit erfassen.
Du fühlst dich leicht, wie einst als Kind,
du kannst als Zeuge Zeit dir lassen.

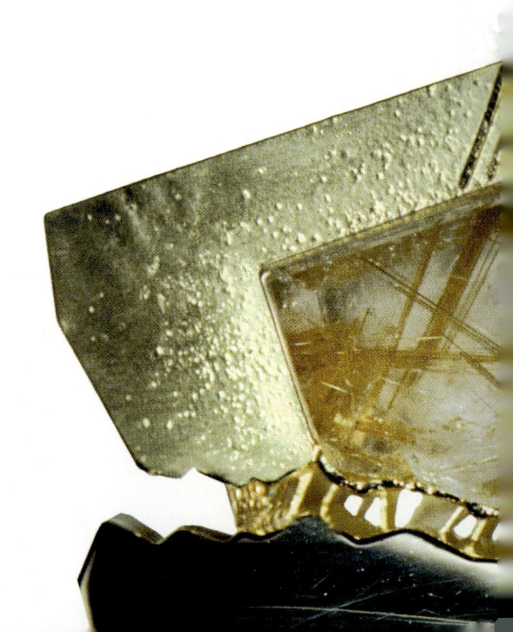

Sonnenspiegel

Bewahr' die Sonnenstrahlen dir
für Regentage

Lass deinen Körper Speicher
für die Wärme sein

Spür' ihre Kraft
in jeder Lebenslage

Fang' mit dem Geiste dir
ihr Leuchten ein

Trag' tief in dir
dies' kraftgelad'ne Strahlen

Versuch es im Gedanken
zu versiegeln

Beginn an Nebeltagen
dir ihr Bild zu malen

So wirst in deinem Wesen du
die Sonne spiegeln

Regie

Es gibt das Zeitgescheh'n-Theater
nur dort, wo Gott mit Kugeln spielt.
Der Autor, Regisseur und Vater
ist uns zu führen stets gewillt.

Er lässt uns spielen auf der Bühne,
greift selten ins Geschehen ein.
Das Bühnenstück heißt Schuld und Sühne,
wir dürfen lernen frei zu sein.

Wo Raum ist, da ist Ewigkeit,
des Universums weiter Geist.
Gespeicherte Vollkommenheit,
die unser aller Träume speist.

Raum ist der Ort, wohin wir gehen,
wenn das Theaterstück vorbei.
Dort weicht Verstellen dem Verstehen,
ist unser Geist vollkommen frei.

Vorbei ist nun das Weltenspiel,
das Publikum entschwindet leise.
Wir sind erlöst, endlich am Ziel,
Gott führte liebend uns und weise.

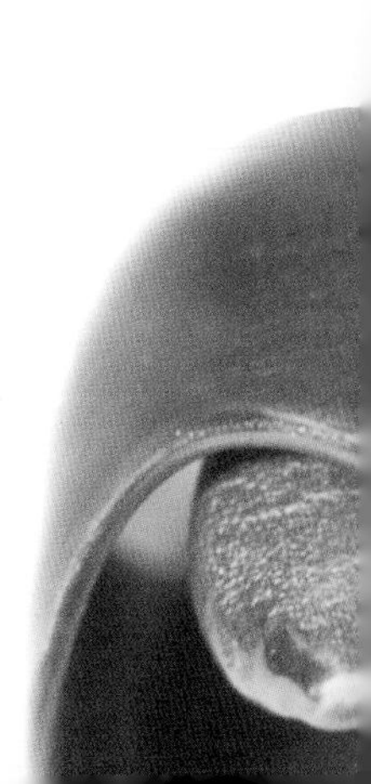

Wandlung

Kugelkörper ewig rund
Drehend schwebend raumgebunden

Flächenspiel auf Felsengrund
Geburt der Hellunddunkelstunden

Bühne für den Augenblick
Räume für das Aufbewahren

Probezeitraum für's Geschick
Struktur für's sinnhafte Erfahren

Materie um loszulassen
Boden um zu Grund zu geh'n

Luft die Lösung zu erfassen
Geist das Göttliche zu seh'n

Erlösung

Du hast der Liebe Weg gefunden,
hast dich vom Erdgewicht entbunden.

Hast innerlich mit dir gestritten,
gekämpft, gezweifelt, schwer gelitten.

Hast deinen Weg nicht aufgegeben,
gingst durch den Tod, schenktest dein Leben,

damit den Weg wir deutlich seh'n,
in deiner Liebe aufersteh'n.

Einblick

Stell dir vor, du wärst so klein wie ein Atom,
dann wär ein Edelstein für dich der Himmel.
Da wäre Sicherheit und Weite wie in einem Dom
und gleißend rund um dich das „Elektronentanzgetümmel".

Du fühlst dich glücklich, sicher wie in einem Traum.
Nimmst ernst den Auftrag Teil des Steins zu sein.
Bist Teil der Ordnung des Kristalls, erfüllst den Raum,
bist wichtig fürs Gesamte, mit dem Stein all-ein.

Die Form des Edelsteins kannst niemals du erkennen,
noch ist's dir möglich seinen Glanz zu seh'n.
Du darfst dein Glück im Eingebundensein benennen,
wie wird's dem Menschen, der den Stein besitzt, ergeh'n?

Will-Kommen

Das Tor der Wandlung steht dir offen,
du zögerst noch hindurchzugleiten.
Dein Kommenwollen lässt dich hoffen
Willkommensfreude zu bereiten.

Wenn du die Schwelle überschritten,
ist keine Zeit mehr anzuhalten,
gleich einer Talfahrt mit dem Schlitten
bist ausgesetzt du den Gewalten.

Musst lernend suchen zu begreifen,
mit klarem Blick dein Schicksal lenken,
darfst auf der Fahrt durchs Leben reifen,
dir Wissen und Erfahrung schenken.

Lernst die Begabungen zu nützen,
auf deine inn're Stimme hören,
lernst achten, lieben, unterstützen,
dein Leben als Geschenk zu ehren.

Bist du bereit für's End' der Fahrt,
zum Tor der Wandlung wird dein Ziel,
du gehst hindurch, ein neuer Start,
Gott zu erfahren heißt das Spiel.

ER-schöpft

Gott folgte seinem inn'ren Ruf
und so geschah's, dass er uns schuf.

Gleich einem Künstler, der verspielt,
formte er unser Seelenbild.

Für den geschmeid'gen Körperbau
nahm einen Tropfen er vom Tau.

Elemente mixte er mit Liebe
fügte sie zum Organgetriebe.

Dem Erdeninn'ren stahl er Glut
und mischte daraus unser Blut.

Ließ sich vom Weizen inspirieren,
um uns're Haare zu kreieren.

Machte den Regenbogen klein,
setzte ihn in die Augen ein.

Des Feuers Kraft nahm er sodann,
gestaltete daraus den Mann.

Und weil der Herr unendlich schlau,
formte aus Wasser er die Frau.

Um sich des Schöpfens zu entbinden,
schuf er mit List das Lustempfinden.

Für unser Wesen fiel die Wahl
aufs Licht von einem Sonnenstrahl.

Fürs Temp'rament in uns'rer Brust
nahm Pfeffer er, nach Herzenslust.

Hingegen nahm er fürs Gemüt
Hibiskus, der ganz aufgeblüht.

Um Trauer gut zu überwinden,
nahm Blütenduft er, von den Linden.

Und pflanzte dann, nach altem Brauch,
Gefühle ein uns in den Bauch.

Dann nahm Tabasko er zur Hand
und formte daraus den Verstand.

Quellwasser, klar und leicht geeist
ließ ein er fließen in den Geist.

Gab Liebe mit uns zum Geleit,
damit wir werden hilfsbereit.

Als größte Gabe, ganz im stillen,
beschenkte er uns mit dem Willen.

Besah sein Werk sich nun mit Freud';
entschied, neun Monde Wartezeit.

Seither braucht all unser Begreifen
zuerst die Stille um zu reifen.

Können wir Dinge nur erfassen,
wenn wir bereit sind loszulassen.

Denn schließlich endet jede Nacht
im Licht, aus dem ER uns gemacht.

So findet der zur Lebenslust,
der Gottes Wunder sich bewusst.

Harlekin

In meinen Augen tanzen fröhliche Lichter,
sie träumen vom großen Glück in der Ferne.
Kann es nur noch nicht greifen,
mach' lustige Gesichter,
doch die Freiheit von morgen,
hätt' ich heute schon gerne.

Luftikus

Manchmal oben,
dann unten.
Manchmal heiter,
dann trüb.
Die Freuden erkunden,
einstecken die Hieb'.
Manchmal dümmer,
dann g'scheiter.
Manchmal drinnen,
dann raus.
Das Leben geht weiter,
was macht es schon aus?

Traum vom Leben

Er träumt, wie schön das Leben wär'
und glaubt an Unzulänglichkeit,
träumt sich ein buntes Dasein her
und glaubt an dessen Bitterkeit.

Er träumt davon, sehr reich zu sein
und glaubt, dass nichts für ihn bestimmt,
träumt, dass er stark wär' und nicht klein
und glaubt, dass niemand ernst ihn nimmt.

Er träumt, er wär' der Menschheit Retter
und glaubt ans eigene Versagen,
träumt vom Rhetorik-Donnerwetter,
hofft, irgendwann etwas zu wagen.

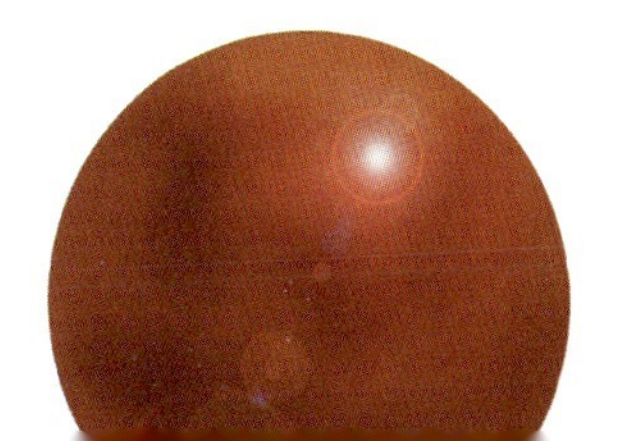

Genaugenommen

Er sieht des Lebens Wirklichkeit
und weiß, dass alles logisch ist.
Er sieht berechnend seine Zeit
und weiß, wie man Erfolg bemisst.
Er sieht der andern Fehler klar
und weiß, das kann ihm nie passieren.
Er sieht Ergebnisse aufs Jahr
und weiß, da gibt es kein Verlieren.
Er sieht die Welt als Kräftespiel
und weiß der Zukunft Macht zu segnen.
Er sieht und er verurteilt viel
und hofft – der Liebe zu begegnen.

Erfüllt

Er malt Gefühle in den Raum,
ist Komponist bunter Gedichte.
Er lebt tagtäglich seinen Traum,
ist Teil der ewigen Geschichte.
Er lebt in Dankbarkeit sein Leben,
ist seiner Gaben sich bewusst.
Er hört nie auf, sich hinzugeben,
genießt sein Sein, ist voller Lust.
Er atmet frisches Wissen ein,
mischt es mit seiner Intuition.
Er freut sich daran, Mensch zu sein
und weiß, er ist der Liebe Sohn.

Zeitgeist

Durchs Tor der Zeit bist du gegangen,
stehst nun im Raum der Erdenuhr.

Bist hier im Zeitennetz gefangen,
gezogen von der Zukunftsschnur.

Zahlen, wohin dein Blick auch reicht,
Stunden bestimmen dein Geschick.

Die Unruh nicht mehr von dir weicht,
Verpflichtung trübt dir deinen Blick.

Die Jahre schwinden dir dahin,
krümmst dich vor deiner Alterszahl.

Und deiner Arbeit Reingewinn
würzt deiner Banken Zinsenmahl.

Dein Wecker misst den Schlafbedarf,
schrill endet deine Träumezeit.

Die Waage misst dein Äuß'res scharf,
sorgt für den Nahrungs-Wertestreit.

Dein Stellenwert wird dir zur Last,
du spürst die Unbeweglichkeit.

Du hetzt umher, kommst nicht zur Rast,
verschleißt im Räderwerk der Zeit.

Wie dich von Bindungen entbinden?
Wie leben ohne Sicherheiten?

Dich täglich selber neu erfinden,
dein Leben leben, nicht bestreiten.

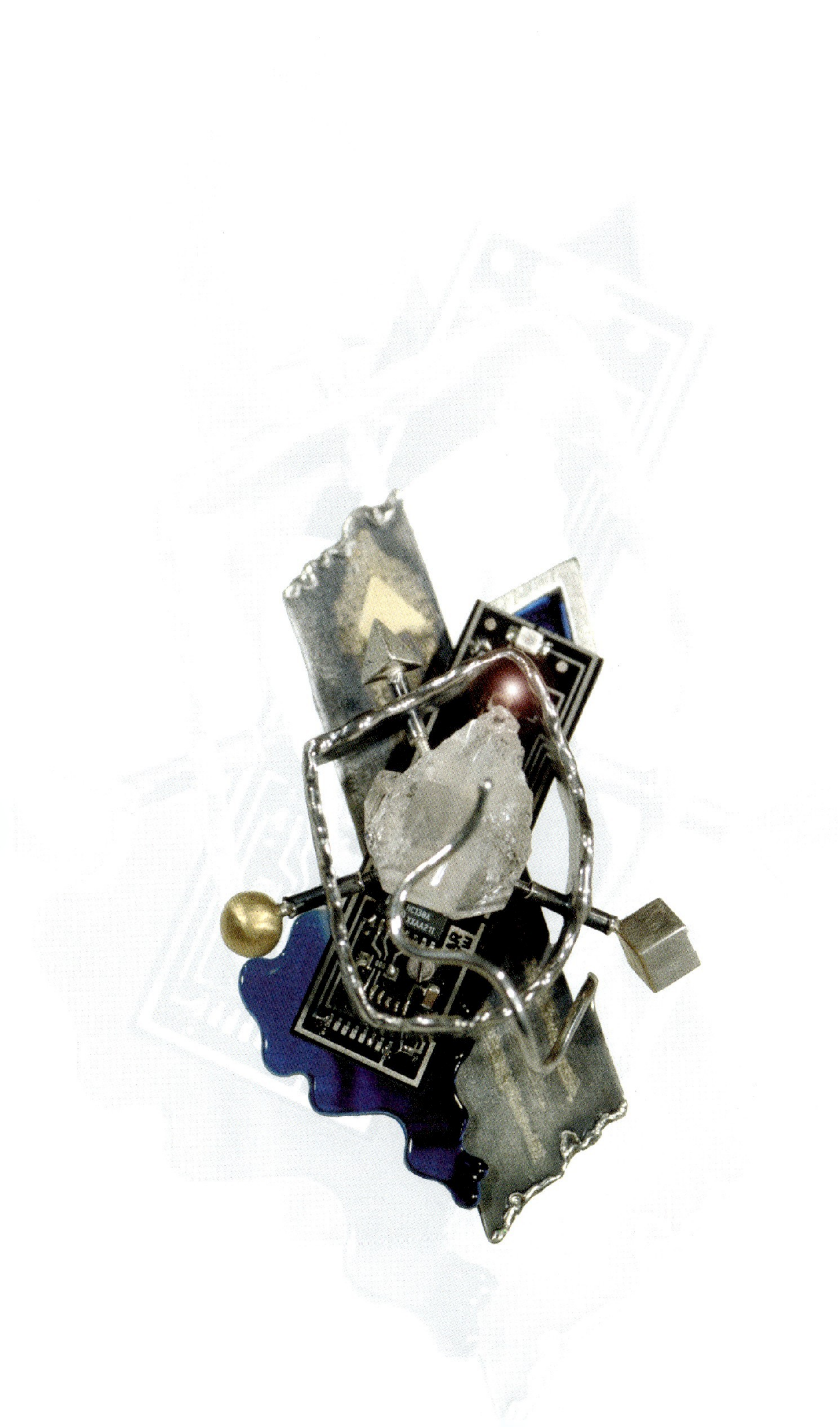

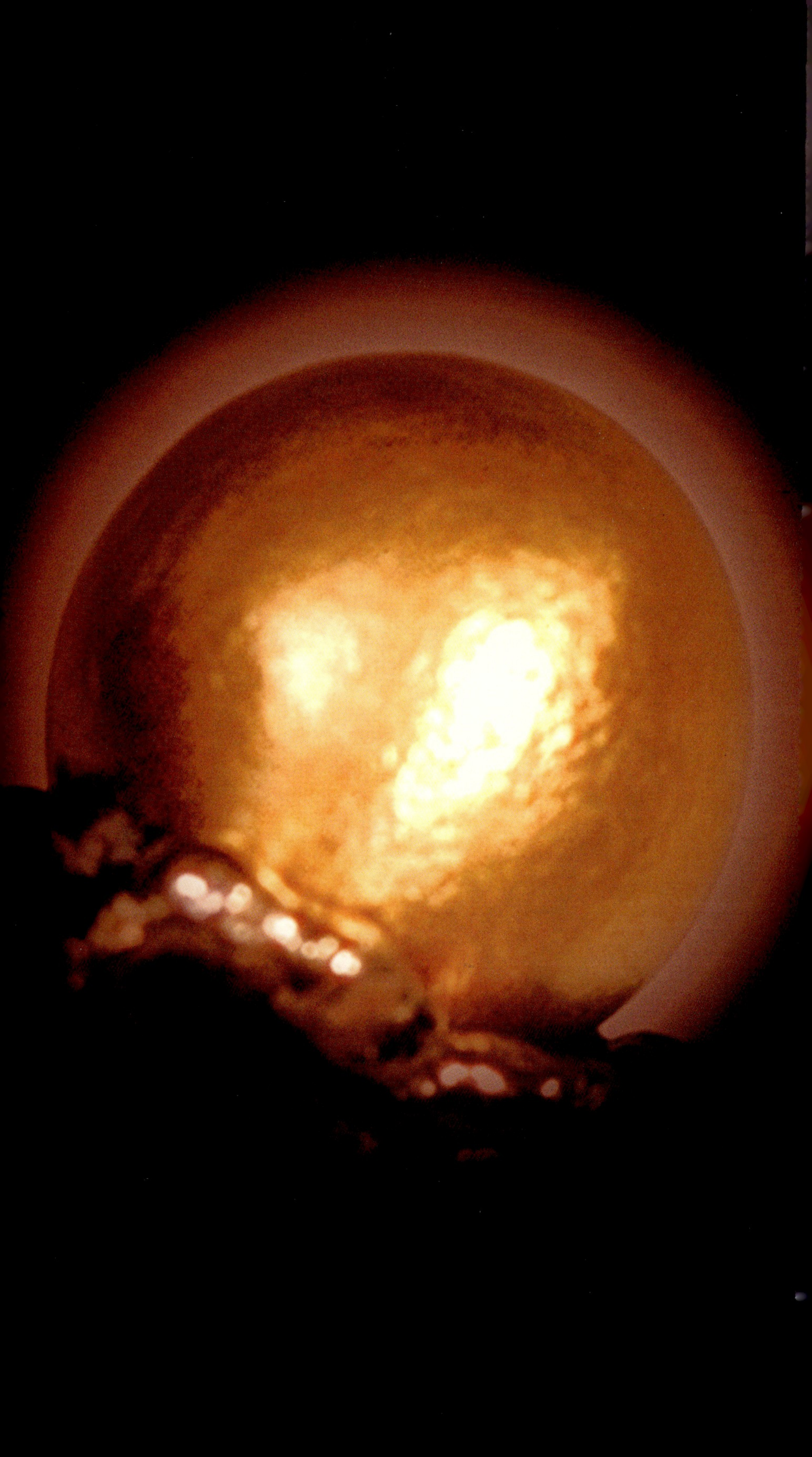

Aufgeh'n

Dunkel überwinden,
Begabung suchen, Gaben finden.

Scheinen – Licht und Wärme spenden,
lernen, Gelerntes zu verwenden.

Strahlen – Hitze von dir geben,
mit Hingabe dein Leben leben.

Sinken – Abend werden lassen,
Zeit, das Erlebte zu erfassen.

Untergeh'n – die Nacht dir schenken,
beim Einschlafen ans Aufgeh'n denken.

Von weitem sehn, wie alles kreist
und wie dein Strömen Glück verheißt.

Fusion

Synapsen – Lichterbrücken,
durch Willenskraft erbaut.
Verbund der Hemisphären
vom Geistesblitz getraut.
Vereinte Geistesströme
zum virtuellen Ziel.
Klar formuliertes Wollen
im intuitiven Spiel.
Die Grenzen überschreitend
zum Quantensprung bereit,
den Geist ständig erweitend
eins sein mit Raum und Zeit.

Ad-vent

Weg der Ankunft

Die Schattenflut zieht sich zurück
Im Osten dämmert frisches Weiß
Beginn von neuem Lebensglück
Im schneebedeckten Erdenkreis

Der Tag erhellt die Lebensreise
Die Kraft der Kindheitsknospe glüht
Gewahr werden der Sinneskreise
Das Glück im Forscherblick erblüht

Hitze erfasst den Lebenslauf
Im Norden duftet zartes Blau
Triebe des Wollens wachen auf
Das Rot des Südens riecht die Frau

Spannung wird Erfahrungswert
Leid wird von der Freud erlöst
Wissen weicht dem Jugendschwert
Reife beschließt das Erntefest

Die langen Schatten kehr'n zurück
Im Westen blitzt ein letzter Strahl
Im Ende strahlt der Weisheit Glück
Der Schöpfer ruft zum Abendmahl

Lebensbaum

Schwebende Formen
In Zeit und Raum
Im All tief verwurzelt
Der Lebensbaum

In Luft gehüllt
Atmen – Pulsieren
Lebensverbundenes
All Eines berühren

Im Boden verwahrt
Begabung und Geist
Wasser erwartend
Das Leben verheißt

Klarheit und Zweifel
Wachstum in Stufen
Errungene Freiheit
Vom Lösen gerufen

Bewusstheitstriebe
Erwachsen ins Licht
Erlebte Erfülltheit
Erlöstes Gewicht

Schwebende Weisheit
In raumlosen Fluren
Gekrönte Gewissheit
Lebende Spuren

IM FINDEN LIEGT DER SUCHE GRUND

GEROLD SCHODTERER

WORT

Jedes Wort wurzelt im Grund tiefer Wahrheit. „Im wahrsten Sinn des Wortes“ gesprochen, berührt das Gesagte die Tiefe der Seele. Worte sind in Schwingung gebrachte Gedanken. Die Verantwortung für unsere Worte ist uns auferlegt, weil wir die Antworten, kraft der Weisheit des Gewissens, in uns tragen. Schreiben ist für mich Meditation, Klären meiner inneren Empfindungen, Sich-Einstimmen in eine höhere Weisheit, die alle Antworten bereithält.

METALL

Im Schmelzpunktbereich beginnt die Spannung der Metalle sich zu lösen. Verformung wird sichtbar. Struktur belebt die sonst so makellos glatte Oberfläche. Die Seele der Metalle dringt nach außen, belebt die Perfektion mit Zufall. Lässt Blick zu Einblick werden. Lässt mich Schöpfer sein, frei und zugleich eingebunden in den Kreislauf. Wissend, dass ich selbst geschaffen wurde, um meine Seele frei zu machen.

HOLZ

Krankes Holz als Basis für Skulpturen. Einblick in das „Wunder Wachsen". Spannungsfeld zwischen natürlich gewachsener Ästhetik und dem intuitiven formalen Eingreifen. Die Sicht auf beide Ebenen gelenkt. Den Einblick in die Struktur – Zerrissenheit und Verformung. Den Anblick der Oberfläche, der einlädt, mit streichelnder Hand fühlend über glatte, weiche Maserung zu gleiten. Krankheit und Heilung fließen zusammen zu einer Form.

KRISTALL

Leuchtend klare Kristallstruktur aus dem flüssig-heißen Erdenkern, im polaren Spiel verdichtet. Kraft, Farbe, Klarheit, Ursprünglichkeit im Erkalten verewigt. Gefunden, gereinigt, geformt. Ursprung für Träume – Öffnung ins Reich der Phantasie – Impuls für kreatives Spiel. Eindringen-dürfen in diese kristalline Wunderwelt der inneren Bilder erfüllt mich mit Freude und Dankbarkeit.

SCHMUCK

Zur Materie gewordene Idee. In Form gebrachter Ausdruck innerer Vielfalt. Signal für Mitmenschen. Gabe aus dem Reich der Begabung. Mit Liebe, Hingabe und Wissen gefertigte Besonderheit. Bedeutungsvoll durch eine abstrakte, die Persönlichkeit zum Ausdruck bringende Symbolsprache. Der Gestaltungsprozess wird zum Dialog mit Metall, Stein, Menschen und den Philosophien des Lebens. Wert, gemessen an der Freude.

Bestelladresse:

SCHODTERER – KUNST für MENSCH und RAUM
A-4820 Bad Ischl, Pfarrgasse 11
Tel: +43(0)6132/23729-0, Fax: DW 29
E-Mail: kunst@schodterer.at
Home: www.schodterer.at

Gedichtband **NATURGEDANKEN**
vom Wachsen, Blühen, Reifen und Ernten
erschienen November 1998

Wenn wir versuchen, die Natur mit all unseren Sinnen zu erleben, wenn wir eintauchen in die unzähligen Eindrücke, so kann es sein, daß sie sich plötzlich öffnet wie ein weises Buch und uns Einblick gewährt in die Geheimnisse des Lebens.

Das sind die Momente, die uns aus der Tiefe unseres Seins Antworten auf unsere Fragen zuspielen, Momente, in denen wir einfach wissen, wo plötzlich vollkommene Klarheit in uns ist. In diesen Momenten setzen wir uns hin und zeichnen, malen, singen, reden oder schreiben, so wie ich, ganz wie von selbst. Wir sind verbunden mit der allumfassenden Weisheit, die alles Leben beseelt. So ist dieses Buch entstanden.

ERDENWEG

Einer von unendlich vielen Wegen, vielleicht auch ein Wegbereiter für manchen, der an einer Kreuzung steht oder einen neuen Weg sucht. Freudiges Erkennen für die, die den selben Weg gehen. Auf jeden Fall aber das schöpferische Zusammentreffen von Menschen, die ein Stück Erdenweg gemeinsam gegangen sind und ihre verschiedenen Begabungen einfließen ließen in dieses Bild-, Wort- und Klangwerk.

„Ich muß begreifen, erfühlen, in mein Herz aufnehmen können, um die Welt deiner Wortbilder in meine Welt der Klänge zu übersetzen", so meint Brian Leonard. So ist dieser Weg einer des Aufeinander-Eingehens, der Achtsamkeit und der gegenseitigen Freude über die Fähigkeiten jedes Einzelnen.

Bestelladresse:

SCHODTERER – KUNST für MENSCH und RAUM
A-4820 Bad Ischl, Pfarrgasse 11
Tel: +43(0)6132/23729-0, Fax: DW 29
E-Mail: kunst@schodterer.at
Home: www.schodterer.at